AF329180

Les Volontaires

de Saint-Cyprien

pendant la Révolution

(1792-1794)

Lecture faite au Congrès des Sociétés savantes,
à Strasbourg, le 28 mai 1920

PAR

EMILE LABROUE

Agrégé d'Histoire

PROVISEUR HONORAIRE DU LYCÉE DE PÉRIGUEUX

PARIS

EDOUARD CHAMPION, 5, Quai Malaquais, 5

—

1920

Les Volontaires

de Saint-Cyprien

pendant la Révolution

(1792-1794)

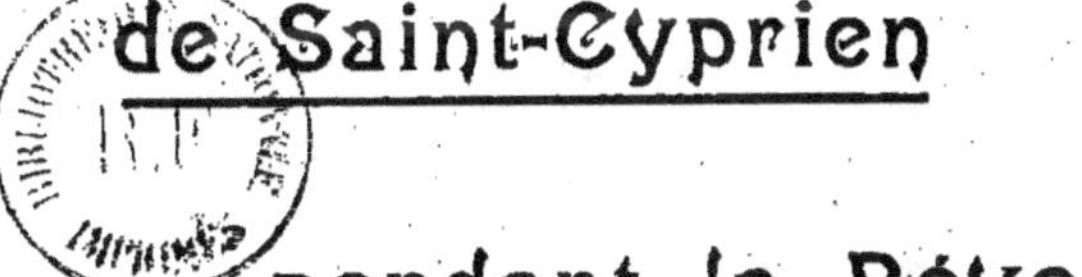

Lecture faite au Congrès des Sociétés savantes,
à Strasbourg, le 28 mai 1920

PAR

EMILE LABROUE

Agrégé d'Histoire

PROVISEUR HONORAIRE DU LYCÉE DE PÉRIGUEUX

PARIS

Edouard CHAMPION, 5, Quai Malaquais, 5

1920

LES VOLONTAIRES DE SAINT-CYPRIEN

(DORDOGNE)

PENDANT LA RÉVOLUTION (1792-1794)

D'après le manuscrit de la Société Populaire de cette commune
et les Archives Départementales

Le manuscrit de la Société Populaire de Saint-Cyprien (1) qui se trouve aux archives départementales de la Dordogne (L. 935) et comprend deux registres in-folio, qui s'étendent du 23 octobre 1792 au 30 brumaire 1794, nous a permis de reconstituer un chapitre de l'histoire des volontaires de la Dordogne pendant la Révolution.

Les citoyennes de Saint-Cyprien, membres de la Société Populaire, qui avaient fait le serment d'élever leurs enfants conformément à ce qu'elles appelaient les deux Bibles — l'Evangile de la Déclaration des Droits de l'Homme — n'hésitèrent pas à autoriser leurs fils à s'enrôler pour la défense de la patrie et des Droits de l'Homme. Tous les jeunes gens qui, avant 18 ans, savaient par cœur la Déclaration des Droits étaient autorisés, malgré leur jeune âge, à faire partie de la Société Populaire. C'était une formation, des plus élevées, de l'esprit et du patriotisme et une préparation à l'oubli de soi-même pour la défense de la patrie et de la liberté.

Pendant la Révolution, le département de la Dordogne leva et organisa sept bataillons de volontaires. Le premier et le second (2), organisés en 1791 et 1792, partirent à quelques jours de distance, au courant du mois d'août 1792, et ils allèrent s'unir, à Strasbourg, à l'avant-garde de l'armée du Rhin. Déjà, le 26 juillet 1792, à l'appel de la patrie en danger, le Conseil Général de la Dordogne proposait la création d'un 3e bataillon de volontaires qui devait renforcer les deux premiers. Le 30 juillet 1792, un arrêté du Conseil Général confirma la proposition du 26 juillet, et aussitôt un ordre fut donné à toutes

---

(1) Appelé simplement Cyprien sur Dordogne pendant la Convention, aujourd'hui chef-lieu de canton de 2.134 habitants.

(2) Il avait à sa tête le commandant Mergier, de Bergerac, qui devint plus tard général.

les municipalités pour recueillir de tous côtés des engagements volontaires. Ces engagements se firent surtout la nuit, comme le montre le compte-rendu de la séance de la Société Populaire du 14 février 1793 où un citoyen « se plaignit du bruit que faisaient, la nuit, les enrôleurs ». La Société ne donna aucune attention à cette plainte, peu patriotique, qui montre combien les enrôlements étaient animés et bruyants, et, s'ils se faisaient la nuit, c'est « pour qu'ils ne fussent contrariés par personne ». Nous n'avons pas trouvé de cas, officiellement constatés, d'opposition aux enrôlements. Le 13 février 1793, on avait dénoncé à la Société un père qui, disait-on, voulait tuer son fils s'il s'enrôlait. Une enquête fut ordonnée à ce sujet ; mais le registre de la Société ne dit pas si on y donna suite. Nous ne savons pas exactement le nombre des volontaires que fournit Saint-Cyprien. Nous en avons retrouvé 70 ; mais il y en eut beaucoup plus. Sur les sept bataillons de volontaires organisés dans la Dordogne, 30 volontaires allèrent rejoindre le 3ᵉ bataillon. Nous connaissons les noms de 18 volontaires affectés aux 2ᵉ et 3ᵉ bataillons ; nous apprenons, par une lettre du soldat Castanet, qu'il y en avait au 4ᵉ bataillon. Nous avons relevé sept autres noms dans le registre de la Société, et nous verrons que 15 volontaires s'enrôlèrent au 6ᵉ d'infanterie.

Voici les noms de 18 volontaires incorporés aux 2ᵉ et 3ᵉ bataillons (1) :

Au 2ᵉ bataillon : Jean Albustié, 19 ans ; François Bost, 25 ans ; Raymond Cressenat, 30 ans ; Jean Lacombe, 22 ans ; Jean Lacombe, 21 ans ; Pierre Langlade, 20 ans ; Marc Poulet, 26 ans ; François Requier, 22 ans ; Jean Vergnolle, 22 ans.

Au 3ᵉ bataillon : Antoine Festillat, 26 ans ; Jean Geneste, 35 ans ; Pierre Goudonnet ; Jean Lespinasse, 19 ans ; Pierre Magnanou, 25 ans ; Jean Mouyanne, 22 ans ; Louis Maret, 17 ans ; François Parcellier, 19 ans ; Etienne Segurel, 24 ans.

Nous trouvons les noms de sept autres volontaires dans le registre de la Société : Castanet, engagé au 4ᵉ bataillon ; Dourlat, Bazinière, Requier, Lespinale (ces 4 sans désignation du régi-

---

(1) de Cardenal, *Le Recrutement de l'armée en Périgord*, annexe 11.

ment), Clament aîné et Faure, engagés comme cavaliers jacobins.

En septembre 1792, la commune de Saint-Cyprien apprenant que les armes manquaient à nos soldats, prit un arrêté par lequel elle offrait 30 fusils, qu'elle venait d'acheter, pour armer 30 volontaires de Saint-Cyprien. Les noms de ces 30 volontaires devaient être inscrits sur une plaque de cuivre « et exposés à la reconnaissance publique ». En cas de mort de quelqu'un de ces volontaires, le fusil devait passer aux mains d'un autre volontaire de Saint-Cyprien. Chaque fusil devait porter cette inscription : « *Municipalité de Saint-Cyprien, département de la Dordogne.* » (1)

Bien que le manuscrit de la Société Populaire commence le 23 octobre 1792, ce n'est qu'en 1793 qu'il nous donne des renseignements détaillés sur les volontaires de cette localité. Le grand enrôleur fut le capitaine Pierre Pigeon, de Saint-Cyprien (2). Il était frère de Joseph Pigeon, qui fut député de la Dordogne au Corps législatif. Il revenait de Thionville où il avait pris une part glorieuse à l'héroïque résistance de cette place comme capitaine du 6e d'infanterie. Pierre Pigeon se fit inscrire membre de la Société Populaire le 13 janvier 1793, et

---

(1) de Cardenal, o. c. p. 317, d'après les archives départementales.

(2) Pierre Pigeon, né le 14 avril 1760, servit comme gendarme à la compagnie des gendarmes bourguignons, du 14 décembre 1781 au 1er avril 1788 ; comme lieutenant au bataillon de garnison de Bourbon (14 octobre 1788) et au 72e régiment d'infanterie (12 janvier 1792) et comme capitaine au 6e régiment d'infanterie (9 mai 1792). Il assista, avec ce dernier corps, au siège de Thionville et fit la campagne de l'an II à l'armée de la Moselle, se trouva à l'affaire d'Arlon et prit part à la guerre de Vendée. Il commanda la place de Bayeux (16 septembre 1793), les ports et places de La Hougue et Granville, les batteries et côtes de Lannion. Il devint successivement président de l'administration municipale de Saint-Cyprien (19 germinal an VI) ; commissaire du pouvoir exécutif près la même administration (8 messidor an VI) ; membre du 2e Conseil de guerre de la 20e division militaire (29 vendémiaire an VII au 21 frimaire an VIII) ; commandant du département de la Corrèze (21 frimaire an VIII au 21 pluviôse suivant) ; membre du Conseil de révision (20 pluviôse au 28 floréal an VIII ; maire de la commune de Castel (2 prairial an VIII) ; substitut du commissaire du Gouvernement près le tribunal criminel de Sarlat (23 ventôse an IX). Il fut désigné en l'an XII par le collège électoral de l'arrondissement de Sarlat pour être un des députés de la Dordogne au Corps législatif. Son frère, l'ex-législateur Pigeon, le recommanda pour être admis dans la Légion d'honneur (brumaire an XIII), en récompense de 23 ans effectifs de services et 5 camp.gnes. Mais il ne fut pas décoré. (Archives de la Grande Chancellerie, communication de M. Joseph Durieux).

il fut président de la Société du 3 février au 3 mars (1). Le 13 janvier, l'assemblée acclama Pierre Pigeon dès son entrée en séance et, après sa réception, il donna un intéressant compte-rendu de la situation de nos armées de l'Est.

Le 17 février 1793, un membre de la Société fit un tableau attristé « de l'état misérable de nos frères d'armes qui manquent de bas et de souliers et luttent contre les despotes et les esclaves. »

Il ajouta que « les membres de la Société ont aux armées « des pères, des frères, des parents, des amis et qu'il faut aller « à leur secours. »

Aussitôt chacun s'empressa de déposer son offrande entre les mains du trésorier. Les noms des citoyens qui offrirent des souliers et des bas furent inscrits au procès-verbal de séance.

Ces tableaux de la misère de nos soldats excitèrent le patriotisme et provoquèrent de nouveaux enrôlements. Par son ardeur patriotique, par ses récits de guerre, par ses appels réitérés, Pierre Pigeon enflammait le courage des jeunes gens et les poussait à s'enrôler. En février et mars 1793, il provoqua ainsi des enrôlements. Quinze jeunes gens de la commune se firent inscrire pour partir, sous ses ordres, au 6e d'infanterie. Le 7 mars 1793, avant d'aller rejoindre leur régiment, le capitaine et ses volontaires se rendirent dans la salle des séances de la Société Populaire. Ils y furent accueillis chaleureusement et acclamés. Les dames leur cédèrent leurs places d'honneur. Le président, le citoyen Lacroix, leurs fit un discours qui est inscrit au procès-verbal de cette mémorable réunion. Nous en reproduisons quelques passages pleins de cet enthousiasme

---

(1) Parmi les présidents de la Société Populaire, il convient de citer le nom de Prunis, érudit de valeur. Il était chanoine régulier de l'abbaye de Chancelade et prieur de Saint-Cyprien quand éclata la Révolution. Il quitta la robe en 1790, fut maire de Saint-Cyprien, commissaire aux archives de la Dordogne, membre de l'administration centrale du département et, plus tard, sous-préfet de Bergerac (1803). De 1804 à 1809, il fut député de la Dordogne au Corps législatif, puis censeur de la Bibliothèque Royale. Prunis a laissé de nombreux documents historiques sur la Dordogne, qui sont classés dans le fonds Périgord à la Bibliothèque Nationale. C'est lui qui a découvert le manuscrit du *Voyage en Italie*, de Montaigne. Il mourut à Saint-Cyprien le 5 février 1815 ; il était né aux environs, à Campagnac, le 16 mai 1742.

révolutionnaire qui rendait souvent grandiloque le langage des orateurs de cette époque.

« Votre présence nous ravit d'allégresse en voyant parmi « nous les enfants de Bellone qui vont marcher sur les traces du « *libérateur* de Thionville, et qui vont s'efforcer, comme lui, de « nous conserver notre patrie et notre liberté. La liberté ou la « mort, telle est la devise des volontaires. Ne vous semble-t-il « pas entendre la musique guerrière, les gueules d'airain vomir « des torrents de flammes et porter la terreur et l'effroi dans le « camp de nos ennemis. »

Ensuite, le président Lacroix fit une diatribe contre « la lâche ville de Longwy », et il prononça un dithyrambe en faveur de Thionville et de son défenseur, le capitaine Pigeon « marchant à grands pas vers nos frontières, il a volé au secours « de cette ville assiégée ; le fer et la flamme n'ont pu ébranler « son courage. Imitez, chers camarades, l'exemple de ce grand « capitaine. D'après cette imitation, la conquête de notre liberté « nous est assurée. Cette conquête finie, vous reviendrez avec « lui sur des routes toutes couvertes de lauriers. »

A la séance de la Société Populaire du 10 mars 1793, le capitaine Pigeon fit connaître que deux de ses volontaires, qui vont partir, sont sans souliers. Aussitôt, l'assemblée leur en donne sept paires prises parmi celles qui étaient destinées aux soldats de nos armées.

Le 12 mars, la Société décide que la garde nationale « se mettra sous les armes pour avoir l'honneur d'accompagner « le brave capitaine Pigeon, ainsi que nos frères d'armes, qui « partent pour aller au devant de l'ennemi. » Le 14 mars, on annonce à la Société qu'au moment du départ, le capitaine Pigeon a fait l'appel de ses recrues ; le volontaire Louis Géral, dit Visson, était absent. L'assemblée décida de le rechercher et de l'arrêter.

Le 16 mars, on lit un appel de la Société Populaire de Périgueux invitant celle de Saint-Cyprien à chercher des défenseurs de la patrie.

Le 17 mars, la Société inscrit au procès-verbal, avec mention honorable, la conduite du curé de Marnac, qui a adressé à ses concitoyens un patriotique appel aux armes.

Le 19 mars, on lit une adresse du Procureur général syndic du département. Il fait savoir que 64 citoyens de Nontron se sont enrôlés pour la défense de la patrie et il exhorte les membres de la Société Populaire de Saint-Cyprien à provoquer de pareils dévouements. On lit également une adresse du Procureur-syndic de Sarlat. Il est décidé que ces deux adresses seront lues dans tous les carrefours de la ville ; la garde nationale assistera à cette lecture pour donner plus de solennité à cette manifestation patriotique.

Pour détruire la mauvaise impression répandue par des malveillants sur la détresse et la misère de nos troupes, la citoyenne Meyral communique à l'assemblée une lettre de son mari qui lui envoie, du 2e bataillon de volontaires, 90 livres ; ce qui montrait que nos soldats n'étaient pas dans le dénuement et sans le sou, comme on le disait dans une pensée de dénigrement.

Dans la séance du 20 mars 1793, le citoyen curé Garry propose de former une petite troupe d'enfants qu'il exercera à lancer la fronde. Cette proposition est acceptée, et le citoyen curé est acclamé chef de cette jeune troupe. A cette époque, beaucoup d'enfants s'enrôlèrent en Dordogne. A 14 ans, Barthélemy Repassin, de Bergerac, fut tambour au 2e bataillon des volontaires du département. A Nontron et à Ribérac, des enfants de 15 ans s'engagèrent et partirent malgré la résistance des administrateurs locaux qui furent obligés de céder devant ces enthousiasmes juvéniles.

Le 21 mars, le citoyen Requier, chapelier, qui s'est enrôlé, fait connaître qu'il lui reste en magasin beaucoup de chapeaux. La Société décide de lui en acheter un grand nombre pour les volontaires qui vont partir et que la Société doit habiller.

Le 26 mars, on ouvrit un registre sur lequel les citoyens inscrivirent leurs offrandes pour les volontaires qui partaient le lendemain pour Sarlat.

Le 5 avril, deux citoyens, engagés comme volontaires, n'avaient pas encore paru. On écrivit à la commune de Tayac, d'où ils étaient, pour savoir ce qu'ils étaient devenus.

Un grand nombre de séances de la Société furent occupées

à la lecture des lettres envoyées des armées par les volontaires.

Le 2 mai, à la séance présidée par le curé Garry, on lit une lettre du capitaine Pigeon qui expose « les avantages que nous avons eus sur les Autrichiens » On décide de faire une prompte réponse à ce brave républicain.

Dans la séance qui précéda celle du 24 août (sans indication du quantième), on lit une lettre écrite de Saint-Maixent par le soldat Castanet, volontaire du 4ᵉ bataillon, qui raconte trois victoires remportées par les soldats républicains, « au nombre « de 10.000, sur les Vendéens qui eurent 7.000 hommes tués « dans les divers combats, et en perdirent encore 5.000 dans « leur déroute et dans leur fuite ». La Société, sensible à ce témoignage d'attachement, décide qu'il y a lieu de remercier Castanet pour son attention et de le féliciter de son ardent patriotisme et de son courageux dévouement à la cause de la liberté.

Le 6 septembre, on lit une lettre d'un volontaire de la paroisse de Castels, voisine de Saint-Cyprien.

Le 13 septembre, on fit une enquête sur les propos tenus par des citoyennes. Elles disaient avoir entendu cinq à six jeunes gens qui proféraient des menaces et qui voulaient abattre l'arbre de la liberté si on les faisait partir pour l'armée. Les citoyennes furent introduites dans l'assemblée et interrogées. Leurs récits furent peu probants ; elles ne purent établir la véracité des propos des jeunes gens incriminés.

Le 18 septembre, on donna lecture d'une lettre du citoyen soldat Dazinière, dans laquelle il raconte une victoire à laquelle il a pris part.

Le troisième jour complémentaire de l'an I, un membre de la Société offrit un sabre pour les cavaliers jacobins qui venaient de s'enrôler. A cette même séance, le citoyen Lalou donna un canon qui fut envoyé à la frontière.

Le neuvième jour de la 1ʳᵉ décade du deuxième mois de l'an II, le 2 brumaire (23 octobre 1793), il est donné connaissance d'une lettre d'un volontaire écrite de la Vendée.

Le 6 prairial an II (26 mai 1794), le citoyen Latour du Roc dit que les canons qui sont dans la ville de Saint-Cyprien

« appartiennent à son épouse qui en fait l'offrande à la nation,
« pour qu'ils servent à la destruction des despotes et de leurs
« satellistes ».

Le 8 prairial an II (27 mai 1794), une citoyenne offre des
bas pour les volontaires.

Le 14 messidor an II (12 juillet 1794), la Société décide
d'offrir à la patrie « un cavailler jacobin monté et équipé ».

Le 17 messidor an II (15 juillet 1794), on annonce que le
citoyen Boyer-Lacoste a équipé à ses frais trois volontaires. On
vante « son dévouement à la République ; car il a fait des dons
« au-dessus de sa fortune ».

Le 5 fructidor an II (22 août 1794), on lit une lettre du
citoyen Dourliat, volontaire, membre de la Société, qui écrit de
l'armée des Pyrénées ; il annonce les prises faites sur les
Espagnols. Cette heureuse nouvelle provoque de chaleureux
applaudissements. Ce même jour, le citoyen Clament fils ainé,
sans doute à cause de son frère, ainsi que nous allons le voir
dans une prochaine séance, hésitait à partir comme volontaire
cavalier jacobin. La Société lui dit que rien ne pouvait l'em_
pêcher de servir la République.

Le 8 fructidor (25 août 1794), on décida de vendre une
jument impropre au service d'un volontaire qui allait partir
comme cavalier jacobin. L'argent de cette vente fut offert pour
la construction d'un vaisseau départemental.

Le 12 fructidor (29 août 1794), la Société vise les certificats
de deux volontaires qui vont rejoindre les armées.

Le 17 fructidor (3 septembre 1794), on donne connaissance
d'une lettre de la Société Populaire de Sarlat qui proteste contre
la nomination, faite par la Société de Saint-Cyprien, de Clament
jeune, comme cavalier jacobin. Si Clament jeune est maintenu
cavalier jacobin, dit cette lettre, la Société de Sarlat rompra
ses relations avec la Société de Saint-Cyprien. Pourquoi cet
état d'esprit et cette menace de la Société de Sarlat ? Clament
jeune devait cent livres et refusait de les payer. La Société de
Sarlat estimait qu'on ne devait pas le laisser partir tant qu'il
n'avait pas réglé ses comptes.

Le 18 fructidor (4 septembre 1794), Clament jeune fut

interpellé en séance de la Société. En allant à la barre pour se
disculper, il traita d'intrigants les membres de l'assemblée et il
déclara que devant partir pour l'armée il n'avait pas à payer ses
dettes. Malgré le dévouement à la patrie de son frère aîné,
malgré l'attachement de son père à la Société Populaire dont
il était le greffier et un des premiers organisateurs, l'assemblée
n'hésita pas à remplacer aussitôt Clament jeune par le citoyen
Faure qui s'empressa de prêter le serment solennel « de mourir
à son poste en défendant la liberté et l'égalité ».

On voit par là qu'il fallait être un honnête homme et un
bon citoyen pour être un volontaire de la Révolution, et s'il y
avait un enrôlement fait à la légère, sur ce point moral, par
une Société de commune, la Société du district, qui la surveillait,
lui faisait les observations nécessaires.

Ne pas payer ses dettes était un grief suffisant pour refuser
à un citoyen l'honneur de s'enrôler pour la défense de la patrie.
C'est un fait qui mérite d'être signalé dans l'histoire des
volontaires de la Révolution.

Ainsi, la commune de Saint-Cyprien remplit son devoir
patriotique pendant la Révolution. Elle enrôla des volontaires,
elle eut un vaillant capitaine surnommé le soldat national, elle
équipa des cavaliers jacobins, elle contribua à la construction
d'un vaisseau départemental, elle offrit aux armées des vête-
ments, des chaussures, des fusils, des canons et elle se leva en
masse pour travailler à la fabrication du salpêtre. Elle montra
en toutes circonstances, à cette époque, un ardent patriotisme
qui se manifesta dans sa Société Populaire. Sur la première
page du registre des séances de cette Société on lit cette phrase
écrite en grosses lettres : « Prenons pour notre devise chérie :
« liberté, égalité, union, courage, ardent amour de la patrie
« et n'ayons jamais d'autres guides et d'autres mots de rallie-
« ment ». On voit par là, ce qui a été souvent écrit, que les
Sociétés Populaires, même les plus humbles, furent des foyers
d'enthousiasme et de patriotisme, des agences de renseigne-
gnements et des sociétés de secours pour les militaires aux
armées.

A ces titres divers, l'évocation des volontaires de Saint-

Cyprien peut ne pas être sans intérêt pour l'enquête sur l'histoire des volontaires faite par la section historique de l'Etat-Major de l'armée. Cette évocation, en un Congrès solennel à Strasbourg, nous a permis aussi, et surtout, de rendre un humble hommage à ces soldats obscurs qui partirent volontairement des bords de la Dordogne pour aller mourir sur les bords du Rhin, sur la Moselle, aux Pyrénées, en Vendée, dans les Flandres, obscurément mais glorieusement pour la France et pour la Liberté.

BERGERAC — IMPRIMERIE DE « L'INDÉPENDANT », JARDIN-PUBLIC.

www.ingramcontent.com/pod-product-compliance
Lightning Source LLC
LaVergne TN
LVHW010251030726
842520LV00007B/2871